Kerrostalo kasvaa

Kiitän Piaa taitosta.
Kiitän oikoluvussa auttaneita.
Kiitän suuresti niitä ihmisiä,
joiden kanssa eläen nämä runot
syntyivät.
Kiitän teitä, jotka kosketatte minua.

Kiitos, että sain elää tämän päivän.

Kerrostalo
kasvaa

Jukka Piitulainen

© 2019 Jukka Piitulainen

Kustantaja: BoD – Books on Demand, Helsinki, Suomi
Valmistaja: BoD – Books on Demand, Norderstedt, Saksa
ISBN: 9789523390416
Kannen kuvat: Jukka Piitulainen
Taitto: Pia Laulainen

Luku 1:
Alaoven
koodi

Korianterin tuoksussa

Yhteinen syvältä puristava kipu ja itku
on nyt jo katkeransuloinen,
vaalimisen arvoinen,
korianterin tuoksuinen yhdyskäytävä
taidemaalarin väripaletille
kaikkien värien lentämisen tilaan,
lämpö, sellainen hehku,
halu olla lähellä, päästä sisään,
kyky päästää irti

Niin, että mitä siinä odotat!
Sun on aika nähdä muiden jo kauan näkemä:
sinulla on tähdet sisälläsi,
ota ne käsiisi ja katso,
aseta olkapäillesi ja otsallesi loistamaan.
Oikeassa hetkessä olemme
suloinen köynnös,
kuuma kaakao kylmään märkään eksyneelle

Hymyillään mahan pohjasta,
sekoillaan vaan, se tasapainottaa,
kutsu ja minä kannan sinua sen verran, että voit karata,
kehu minua niin jaksan hymyillä, vaikka viiltää.

Lisätään hiukan tuoretta korianteria,
leijutaan ilmassa, se on hyvä paikka,
sinulla ja minulla
on lupa olla hyvä olla.

Tunnustus tuuleen heittäytymiselle

pitkän sillan kaiteessa kaleidoskooppi
matkalippu tunteiden todellisuudelle,
sille ainoalle oikealle,
jänis loikkaa tiilimuurin yli
asfalttitien selässä
lohikäärme puhaltaa tulta tähtitaivaan syliin

pääskyset sukeltelevat,
sulkakynäni piirtää valojuovia ilmatilaan,
kengän kärjet alkavat laulaa
kaihoisaa laulua Syrah-viinin valmistuksesta
aamukasteisilla
Argentiinan rinteillä

olen olemassa tunteen valojuovassa,
tammen syvyyksissä, keto-orvokin terälehden
hauraudessa,
öljyssä kuullotetun jeeran tuoksussa,
autiotaloon astumisen hetkessä

tuuli vie minut, pyöritä,
äläkä koskaan tuo takaisin!

Maali hiuksissasi

Tupakansytyttimesi samanvärinen
kuin elämänhuoneesi,
sormissasi violettia maalia

Hompsantuu puhu lisää,
elehdi, katson ja lumoudun
ranskalaiseksi rakastajaksi,
himokkaana lusikat huulillemme varastamaan,
Tiibetin vuorille kanssasi
omaan todellisuuteen pakenemaan, kutemaan,
sanon kyllä mille vaan,
elämä sellaisena kuin sen tunsin
tulee nyt loppumaan

Pian jo viereesi,
valmiina kanssasi, vuoksesi
läpi kaatosateen hehkun maalaamaan

Mun on saatava sut

Jäin pois junasta sun asemalla
nähdäkseni vilauksen sinusta,
halusin sun tuntevan
mun tulevan
sun lähelle,
karkaa mun iholle!

Veit roskia ja tulin suutelemaan
menit kauppaan ja mä lähdin mukaan
ostokset autoon kantamaan
mulla ei ole toivoakaan
olla susta kaukana

Mun on saatava sut,
suudeltava vasten häkkikomeroa,
mun on saatava sut
tunnettava hymysi nostava voima,
ilman vaatimuksia, avaimia,
haluan katsellaan kanssasi,
kuinka kerrostalo puretaan

Kustaanmiekan hehku

Muut odottavat kuunpimennystä
kerran vuosisadassa toistuvaa
kannattaisi katsoa meitä kallion kolossa,
onnea, jota kaikki ei koskaan saa

Kustaanmiekan kallioilla
levität kätesi hehkuvassa uimapuvussa
tätä hetkeä ei ikinä viedä mun muistoista

Uimme nousevilla aalloilla,
laivojen nostamilla laineilla,
sykimme keveinä hehkusta,
vähät välitämme kuusta

Inloverealismi

kapuamme pitkin tehtaan seinää,
luotamme vaistolla tikkaiden kestävän
Nauran
haluan tuoksusi leijuvan
ympärilläni modernin raunioilla

Itken
kosketustasi tarvitsen
perässäsi ojan reunaa pitkin läpi risukon kiukutellen
olen heikko, olen mahtava!
Uskallan hajota
hikeni valuu päällesi
jääni sulaa käsiisi

joskus elämä nappaa kiinni
on syönnillään vietti
inloverealismia rakkauden puremia
ympäri kehoa
koen uusia tiloja

Yläpuolella

kelopuinen huvimaja
Kruunuvuorenrannassa kallion laella,
hiiltyneitä jalanjälkiä kulkee kohti liiteriä
hakemaan siipiä

tänään kaikkialla leijuu
harmaanvioletteja sulkia,
lintusen siiveniskun tuulenpuuska
nostaa varpaille,
karhun kämmen heilahtaa, viskaa meidät ilmaan

näet jäljet ilmassa,
siellä kuljimme me,
joiden jalat eivät kosketa maata,
veden pinnalla palaa liekkejä

on aika imeytyä ilmaan

Ulos ylimmästä kerroksesta

Tähtitorninmäellä
maailma avaa
meille sylinsä,
Orionin tähtisumu
piirtää ilmeen
kasvoillemme

Hiiri harmaa
piirtää serpentiiniä
katuun askeleidemme tahtiin,
sinua, minua ei saa kukaan omistaa

Merirosvolaivamme purjehtii taivaalla
sielujemme syyssiltaa kattojen yli,
kilistellen laidan yli roikkuvia
turkooseja kaakeleita,
kaiken takana aurinko
kirjoittaa meille ihoon karttaa,
valojuovamme tanssii
ulkona ylimmän kerroksen ikkunasta

Tove

Eväät tippuivat
auringonlaskussa avaruushuovan päälle
kaikki tunne ei mahtunut
värähtelevään valokuvaan
suljimme silmät ja näimme kultalehtisen tammen
ojentavan kätensä
meille tikkaiksi korkeuksiin

Hämärtyvässä metsässä kerroit Tovesta,
kuinka hän haastateltaessa veti karskisti röökiä,
ei ollut muumimammasta tietoa,
olin jo latvassa, ei maadoitusta,
rannan puissa oranssia helinää
sylistä katson
kirkkaita hehkuja,
poltin ilolla sormeni

Sarvet superlonia

tärisen loukkaantumisesta,
Jäykistyn,
en kestä kosketusta, en vielä, en nyt
älä mene pois, odota
nytkähtelyni tarvitsee vapautta,
hengi, hengitykseni tilaa

Huudan ulos kaiken minusta,
annan tulla räkää ja kitarisaa,
tahdon näyttää haavani häpeän,
katso on lihani kosteaa, punertavaa

Suojaan käsillä päätäni
niin pienellä kerällä,
kuin vain päästä voin,
Häpeän kaikin voimin,
mulla on sarvet superlonia,
terästä huomattavasti harvemmin

tämä on se kohta. Nyt.
Kosketa mua, kasvata rauniolle vihreää,
raukeaksi rakasta,
tule sisään alaovesta,
rutista, silitä, tartu, kietoudu, sukeudu,
suutele, nosta, antaudu,
Haluan olla sinussa

Sentimentaalinen tuntuma

Niin kauan kuin luen Tabermania ymmärtääkseni
rakkauden,
niin kauan kuin katson Mapplethorpea ymmärtääkseni
intohimon,
niin kauan kärsin,
niin kauan nautin kun elän

Luku 2:
Kylmäkellari

Koskemattomaksi luultu

Luulin olevani
koskematon, puhtoinen,
en paha mies ollenkaan,
vaan maailma otti omansa,
huusi: runoilija olet elossa vain rakkaudessa!

Pyysit luoksesi,
oven avasin
ja kylmäkellarista tulin,
valmiina jättämään kaiken, itsenikin

Tahdoin sut naivisti pelastaa,
sulle paremman elämän kirjoittaa,
vaan enhän minä mitään tiedä,
sinulla remontti menossa,
voisin vähän auttaa vanhan uloskannossa

Näe sinä suoraan mies minussa,
naiset tietävät paremmin,
ovat eläin ja lapsi minussa,
olen heikko ja pureva,
kosketusta tarvitseva,
syliin haluava

Kylkiä pitkin

Kuljin arojen halki, järven kylkeä pitkin,
hengitin, itkin sisäänpäin.
Limone sul Gardan sinisessä valossa
sitruunat kimalsivat,
join viinin sorsien kanssa,
rakastin ja halusin paeta

Tein pitkiä jäähyväisiä kanssasi.
poikani unessa minut murhasi,
revin rikki karkkitalon,
tunteetta vihasi kohtasin

Pyyhkeet kuivuivat auringossa,
suklaan ja veren tahrat jähmettyivät.
Joukossa oli
valkoista pehmeää puuvillaa

Yöllä pidin kädestäsi, uskoin etten valehdellut,
jätin vain kertomatta koko totuuden,
aivan liian paljon muutakin

Ehkä sulle joskus kerron

ehkä sulle joskus kerron,
mikä haavoitti, mikä kiihotti,
ehkä kerron mikä en oo,
mitä sieluni sanoo

ehkä kerron kuinka
minua rakastettiin
huolella huollettuna omakotitalona,
hiljaa hymähtämällä
koskettamatta, olin huomaamatta

ehkä sulle joskus
uskallan kieriä tuskas,
otan pääni puskast,
katson syvään ja kerron
mitä inhoan sun tekemisessä,
ehkä aikuistun, sanon kaiken,
näytän kuvan
minusta, seinättömästä kerrostalosta

Portaat murskana

Vuosien yhteyden jälkeen
petin sinut,
tein sellaista,
mitä ihmiselle ei saa tehdä
tuhopoltin rauniotaloa,
jätin jälkeeni muutakin kuin jalanjälkiä

Seurasin omaa tietä,
libidoa,
ravistin kuolleita lehtiä ihon alta,
kiillotin ideologioita,
olin ilkeä sinulle,
en ajatellut sitä, en tarkoittanut sitä,
tein sen,
tiilen paloja kaikkialla,
portaat murskana

Asbesti purkautuu rakenteisiin,
hengityssuojaimet eivät auta,
on poistuttava,
täällä ei ole
terveellistä olla

Istun kivellä vedessä

Katson
mustaa vettä

Kylmä tulee hitaasti iholle
hetkeä ennen kuin
vesi läpäisee vaatteet,
henki salpautuu

Kyynelten kuumotus
lähtee liikkeelle silmien alta,
tärinä leviää hitaasti,
kuinka yksin silta kulkeekaan

Tässä istuessa en enää tunne jalkojani,
läheiselle kivelle katetaan
jouluateriaksi imellettyä perunalaatikkoa,
nyt olisi korkea aika nousta täältä,
olla kuin tätä ei olisi ollutkaan

Putoan

Putoan lapsuuteni rooliin.
Nielaisen
ääneni.

Kukaan ei kysy
minusta mitään,
enkä minä kerro,
70-luvun rakennelma tarvitsee julkisivuremonttia

Seinät ovat hyvin lähellä toisiaan,
nurkan projektori saa minut sokaistumaan,
ympärillä pyörii
heijastuksena tarina kunnollisesta,
ei oppinut olemaan eri mieltä,
vaihtoehtona vain kapina, keino repiä esiin elämä

Ehkä on hyvä alku edes tavata,
ehkä ei pitäisi edes tavata,
en halua lapsuuteni kotia, haluan syliä.
Hoida poikani itsellesi apua,
sulla on kusta päässä.
Sinäkö lapsi?
Vain keski-ikäinen mies kriisissä.

Äitini syli

Jätin maani, äidin, isän,
vaikka en tahdo
jäi ihminen mun sisältä
vaatteisiin, jotka revittiin mun päältä

Sanot, ett mun veli ei oo mun veli,
sanot, ett en tule maasta,
joka on äitini syli,
sun sanoissa en ole kukaan
ja mulla ei oo lupaa,
sanot voin hyvin palata,
vaikka siellä on vain kuolema

Älä, älä
tule mulle,
älä kaiken sen jälkeen,
älä, älä sano mulle,
että tiedät mitä tunnen,
näe minut, ihminen mun sisällä

Ulan Bator

Juna vie pois sinusta,
alan hiljalleen jäätyä,
viel hetken tunnen lämmön iholla,
kuljen matkaa loputonta,
kiskojen kolina, tääl vain vodka ja Siperia,
tahtoisin olla sun luona

Mul on lemmen haavoja, kiivaita suloisia,
toivoa onnesta ikuisesta,
olet maan keskipisteessä,
minä aivan jäässä,
Olet kuuma ja ihana,
mun ainut lämpö sun muisto,
nyt täällä vain kuppi tsaijua

Syvä jää, sinne jään,
se taakse jää, se syvä jää,
sua kaipaan,
olet kaukana,
tahtoisin koskettaa,
olen Ulan Bator, Ulan Bator

Olet kaukana
tahtoisin koskettaa
maailman kylmimmässä pääkaupungissa
mammutti tää säilyy ikiroudassa,
herään jonain päivänä vielä,
Sun kosketuksen voimasta

Alan sulaa

Niin paljon ihmisiä ympärilläni omissa peloissaan,
putoaa omiin kipukohtiinsa,
tuijotan sokeilla pisteilläni omaa napaani,
päästän niin paljon lävitseni,
muutama tikari kasvaa osaksi sisäelimiä

Sykkivää olla paljaana,
maata vailla suojausta yleisellä pihalla,
aurinko lämmittää jo,
maan voima nousee minuun,
jää katoaa sisältäni,
sulatan jo lähiympäristöäni,
noustuani ruumiin jälki jää asfalttiin
merkiksi kuolleen katoamisesta

Luku 3:
Turkoosi
kaakeli

Yöunten tarpeellisuudesta

Lähikaupan hedelmähyllyllä kuulin kuiskuteltavan,
että käyttäisin heroiinia.
Katsoessani kaljakaapin ovesta heijastuvaa kuvaani
ymmärsin,
kaivoin jo tupakkaa avukseni,
kunnes muistin, etten polta.

Pakastealtaalla kalat katsoivat minua jotenkin oudosti.
Korvissani kuulin eilisen ääneni laulavan,
mutta rintalastani alle oli pakahduspaholaiseksi
änkeytynyt
kaikki se mitä en ollut saanut tehtyä.

Laahustaessani maitokaapin ohi huomasin tölkin ja
siitä tekstin:
Kerää 99 tölkkiä ja rakenna tuoli.
Kassalla tajusin varattomuuteni.
Niinpä peittelin ostokseni hysteerisen tarkasti
jauhopussien taakse, jonotin automaattiset rahat.
Kotona aloin päättäväisesti tyhjentää
tarvittavia maitotölkkejä.

Rummu, Estonia

auton ovet lävähtävät kiinni,
koirat haukkuvat pelkoa,
suumme kuivuvat intoa

yllättäen edessä toinen maailma,
hylättyjen kerrostalojen soittokunta,
huulillamme
talon läpi pöllyävä lumisuudelma

seinällä ristiinnaulittu sateenkaari,
hehkuu syvää otetta, hetkiä raunioilla,
ympärillä aukkoja, silmiä, suita,
turkoosi kaakeli on muodissa,
tyyneyttä betonissa,
meidän rappioromantiikka

Baabuskan kädet

Lumituiskussa
kymmeniä kerrostalon rankoja
kaipaa vanhaa turvaa,
vankilan muurien ulkopuolella
huokaa tuleen
yhteistä kokemusta Baabuskasta
pitkässä esiliinassa,
tupakoivista naisista,
miehistä harppomassa kumisaappaissa

Ruosteiset tynnyrit
kaunistuvat rauniohallin
lasimurskan mosaiikissa,
puhuvat Baabuskan käsistä,
kertovat kosketuksesta,
joka säilyy ikuisesti niiden pinnalla

Tuokaa ne kädet nostamaan minua!

Jäljelle jääneet seinät
valuvat tiilimurskaa,
lävitseni virtaa,
haluan olla juuri täällä,
haluan äkkiä pois täältä!

Kuivia lehtiä parvekkeella

Raunioilla lumisilla
siellä sen tajusin,
rappion maatumisen
voi kantaa ylväin mielin,
tarjota sydämille
karheaa kauneutta,
hylätyltä rautatieltä
poimia kukkasen

Kaikkia meitä vetää maa,
sellaisia me ollaan
puutteita pullollaan,
välillä kusta päässä
myös oman äidin mielestä

Jukka-palmuna kuolen kauniisti
kerrostalon hilseilevälle parvekkeelle,
olen kuiva nippu lehtiä lattialla,
käperryn kierteelle,
samalla katson kuinka kasvan uutta nuppua,
olen Pariisin Varpusen chanson,
Pawlikowskin Kylmän sodan
lämmin rakkaus ihmistä kohtaan,
toiveissani hellivät kukkasta,
katsovat kauniisti maatuvaa,
oi solidaarista maailmaa, oi romantiikkaa

Läpi

itse vein itseni kippuraan,
käperryin pieneen tilaan
ämpäriin tyytymään

nyt kiukuttelen kun minua on viskottu ämpärissä,
painettu liian pienien kansien väliin

nyt olen kyllästynyt rivissä kusemaan,
jätän housut jälkeeni seisomaan

olen kulkenut lämpimään paikkaan,
mua kosketetaan ilman vaatimuksia
olen
höyhensateessa,
vessapaperisilppu leijuu ilmassa,
katselen
hidastettua näytöstä
alapuolelta

minua kannatetaan siivellä,
saan käpertyä rivien väliin,
olen kevyt, olen lähellä,
olen liikkeessä värien

Tehtaan verannalla madonna

Madonna pöllyää lunta
alasti tehtaan verannalla
korokkeella tässä kylmyydessä,
kääntää kasvot taivaaseen,
tietää kuvaajien himoitsevan enemmän
kuin on heille tarjolla

Muurista työntyvät korret läpi laastin
vain lämpö voi ne muuttaa taas vihreiksi,
tällä sopimattomalla rannikolla
dystopiatuuli nostaa kuutioaaltoja

Fvum, fvum, fvum
propellit pyörivät
tuulivoimalla,
madonna pukee ruosteisen levämekon,
asettaa heinää hiuksiinsa,
tuuli tulee ja tanssittaa vapaata,
lyö sormille häntä
ken ei ymmärrä taikaa suostumuksen,
ken ei rakasta,
ken ei löydä kehojen myötäsykettä

Laita takki naulaan

Viivikonnan tehtaasta jäljellä kasoja,
kiskot huutomerkkinä kuljetuskaipuusta,
värinsä pudottaneet leikkitelineet
kaipaavat lapsia
sortuneiden kylänraitilla

Oveen on naulattu tiedote
veden jakelun loppumisesta,
sisällä rappukäytävässä
tämän vuoden päivämäärä mainoksessa lattialla,
takit siististi naulassa,
vihellän,
olemmekin ihmisten kodissa käytössä yhä olevassa

Naapurissa yläkerran lattia on romahtanut,
läjässä kalanruotolattian palasia saapasmausteella,
lehden kannessa lattialla
hymyilevä popyhtye väreissä: Vitamin!
Katossa puolittaiset valaisimet
puhaltavat hiukkasia auringon säteeseen,
seinän eristehäntä heiluu talon läpi puhaltavassa
tuulessa
lausuen hiljaa toiveen: Katso minua, näe minut.
Laita seinälläni takkisi siististi naulaan, keitä punajuuria

Narva-Joesuun hevoset

sammaloitunutta siltaa
ohi ruosteisten kaidepilarien,
yllemme kurottuvien talven kuivaamien oksien alta
käymme portin sivusta rannalle joensuun

astelen rannan hiekkaan jälkiä
askeleidesi viereen,
varjomme kurottuvat toistensa päälle,
taivaan turkoosi käy lusikkaan
mereen syvän sinistä selkää vasten

päittemme päällä ilmassa
hevoslaumat laukkaavat valjaitta
kaikissa sävyissä,
tämän rannan valkoinen hiekka
vain meille soi

Pisarat

istumme pyörivällä kivellä
syvällä toistemme silmissä
ikkunattoman talon katolla
kasvavien puiden katveessa

otan väriä kyljestäni ja valutan sen otsallesi,
katson silmäripsiisi takertuvaa väripisaraa,
pyyhkäiset olkavarttasi ja kosketat minua,
pintajännite muodostaa turkooseja sadepisaroita
oranssille iholleni

sade huuhtelee meidät vesiputoukseksi,
sateenkaarivettä valuu talon ulkoseinää pitkin
ruostuneeseen riisipurkkiin, ikkunasta sisään,
jälkeemme raunioille jää
pisaroita
kauttamme käyneitä

Luku 4:
Luukku 24

Kumarrut ilman paitaa

peniksen kukka,
kostean vulvan täydellinen kiilto,
Viilto siihen tuskaan suorittavaan,
kilttiin maailmankuvaan, ulpukka,
kiltteys ei riitä, tarvitaan leveä haara-asento,
valuva vaahterasiirappi,
ruoska kulkemaan kuvan halki,
ilman olet vanki

Himo,
minulla kaareutuvat viikset ja hattu takaraivolla,
sinulla silkkinä kaareutuva selkälinja,
käsieni kulkea, silmieni ottaa kuvat,
laatia näyttely pilvenpiirtäjän katolle
sirot ja voimakkaat liikkeet
puet,
kumartuessasi ilman paitaa
heilautat maailmaa

Halki,
mennään läpi kohtuullisen ja laiskotellaan päivät
puhki,
siirappitorni, kunnianhimon valtava joki,
Praha tulvillaan romanttisia paikkoja, jonne menemme
aikanaan,
        en puhu sun kieltä,
        tarvitaan lemmen viestejä,
kameran linssistä
meidän kauneutemme raunioilla,
vain silmätaukisokeat väittävät tätä rumaksi,
kertovat miltä me näytämme, myyrät!
Eivät tunne violettia gerberaa,
eivät oranssia vaahteran lehteä,
kasteemme
nousee aurinkoon

Hymyhattara

K-junan kotoisassa lämmössä
katsot kasvot alas suunnattuna vienosti
punaisia kenkiäni.
Piirrät vihreillä kangastossuillasi ympyröitä.

Jalkasi iho verhoutuu okran väriseen valoon,
paitasi kaula-aukosta
pehmeä iho lähettää jasmiinin kukkia
kellumaan ilmaan.

Heilahdat
junan jarrutusta liioitellen minuun kiinni,
pahoittelet kaihoisasti ja häpeilet kiusausta.
Päästän meidät pahasta ja suutelen sinua,
pahoitellen poistun junasta.
Hymy jää meidän molempien kasvoille.

Tyttö ja karhu

Seksuaalinen Auroran silta
nousee valkoisena ylös arjesta,
sä olet violetti vasten taivasta,
silität mun partaa, sanot sussa on punaista,
taivaita ei voi kahlita, pilvet kulkevat vapaina

Kun me Alppipuistossa suudellaan,
poliisitkin meille vilkuttaa,
nekin tällaista haluaa,
mut ei ne saa

Elon taidetta
ei voi kahlita,
kuin Kilpeläinen ja Manuela
omat mallit luodaan
vapaina

Maalimme kukkii betonissa,
uumallasi perhosia,
huivi leijuu takanamme ilmassa

Lemmen kapina

Linnunlaulun sillalla
katsomme junia,
epätodellista hyvällä tavalla,
Aulis Junes
omalla luvalla, omassa tahdissa

Lemmen kapina,
vain utopia saa aikaan muutoksia
näe näkyjä, suutele suita, tanssi tansseja,
elä mahdottomia

Tupakan savua, savuttomassa kaupungissa,
vain alastomia ihmisiä metrossa,
hymy älykkään vartijan huulilla,
on se mahdollista
lemmen maailmassa,
kartta taivaalla, rauha maan päällä,
valon langetessa, hetken ennen aamua
tarjolla suudelmia ja
kosketuksia minne ikinä haluat

Pöydän takaa

Pöydän takaa
katson sinua,
silmäsi
alkavat
väristä

Putkessamme
kaksi aukkoa, meidän tajunnalle sopivia,
pienempiä kuin kaikki ympärillä oleva

Liun pöydän alle,
lähestyn sinua
kieli sun iholla,
koskien jokaista sopukkaa,
on pakko kääntää katse
ajatella muuta, pystyäkseen käyttäytymään

Puhuvat musiikkimausta, noloista tilanteista elämän
varrella,
toisinaan prosessikaavioiden työnjaosta,
en kuuntele, nyökyttelen, vaihdan katseen kohdetta,
etteivät tietäisi,
olen sinun silmiesi lehdossa,
lämmittelen liekeissä,
lähetän käteni ilmojen halki luoksesi,
kuulen huokailuistasi kuinka ne hyväilevät sinua

Riisut

Täysikuu tekee sen taas,
tällä kertaa mansikkapellolle

Lempein käsin,
pehmein katsein,
riisut minut,
muistat mistä kadunkulmasta
kannattaa kääntyä

Varjon siirtyessä kuun voimapiiriin,
teollisuusalueen valot käyvät kukkimaan,
kerrostalot
imeytyvät säteinä maasta
kohti avaruutta

Jäätyneet ruusut kelluvat ilmassa

Lintunen ja kevytmieli

Kipuat syliini alasti,
sanot olevasi koala

Nostan sinua ylemmäs
ja lennämme,
olethan Lintunen, minä Kevytmieli,
onnen hetket höyryävät
auringon sulattaessa menneisyyden roudan

Sanon tahtovani hekuman paikkoihin kanssasi,
kesään loputtomaan,
satuun kirkasväriseen,
Sanot haluavasi maistella kevätsuudelmiani,
kulkea kanssani ikkunoista

Ei ole ympärillä olevaa,
lähikuva ihosta,
hiukset värähtävät höyhenpeitteenä,
pyörähdämme ilmassa ympäri,
kosketuksia hauraita ja voimakkaita,
syviä syitä

Hylätyn tuolin huoneessa

hylätyn lomahotellin aulassa
ainoastaan Tuoli valossa,
istun tuolla Tuolilla

saavut huoneeseen
mustassa läpinäkyvässä asussa,
askelissa tanssia, hipaisuja laastipölyisellä lattialla,
hiuksesi huoletta kietaistuna,
käteni tahtovat olla kiinni sinussa

musta perhonen kaulallasi,
taulukehys taustallasi,
näen siipesi

olet takanani, pääni taipuu taakse,
kätesi olkapäillä tuntuvat läpi kehoni,
olet edessäni,
näen kätesi aukaisevan rintaliivien hakasia,
laskevan hametta

nyt olet jo ovella,
kuljet läpi kehyksistä,
Tuoli jää yksin huoneeseen

Silkkiä kehyksissä

tahdon leikkiä kanssasi,
liihotella edessäsi,
hulmautan siipiä,
liidän tuuleen

asetan kehykset seinustalle
ja tiedän sinun katselevan

tunnustelen pitsiä mun kaarilla,
olen silkkiä kehyksissä,
minulla on aivan liikaa vaatteita

katson sinisten silmiesi syvyyteen,
näen sinun haluavan minua,
käteni jo pehmeässä tukassasi,
karheassa selässäsi

Tule ja ryntää

Siirrän pitsireunaa
nähdäkseni elävän sykkeen,
heiluta mua,
tule ja ryntää vasten runkoni rouheaa pintaa,
soita sielusta mustaa magiaa,
sydämestä pyöreää balettia

Basson värähtelytaajuus,
toinen nopea kuplivaa,
täysin sylissäsi kellun, kellun,
pääskysenä nousen ja sukellan vapaalla pudotuksella,
ei vielä, eii vielä,
Nyt, nytnyt avaan laskuvarjon PHAM

Sateenkaari kylpyammeessa

Halusitko rakastaa minua tuossa aiemmin kun
kuiskasit,
tule mukaan sinne missä ei ole kylmäämärkää?
Edessämme kuninkaiden amme,
kuuma, rentouttava
vesi ilman estoja.

Haluisin, haluan
viedä sinut lämpöön syvään,
estää jos kylmyys hengittääkin suuntaasi

Olet jo alasti, kohotat varpaasi,
olen mukanasi ennen kuin ehdit,
halkaisemme veden pinnan yhtä aikaa

Läikkyy, räiskyy,
lasit nauravat, huulet kostuvat,
katossa asti pisaroita,
höyryssä meidän ympärillä
sateenkaari kylvyssä

sisällysluettelo